TEMAS DO COTIDIANO

MARIA REGINA CANHOS VICENTIN

TEMAS DO COTIDIANO

Sentimentos e atitudes

EDITORA SANTUÁRIO
Aparecida-SP

DIRETORES EDITORIAIS:
Carlos Silva
Marcelo C. Araújo

EDITORES:
Avelino Grassi
Roberto Girola

COORDENAÇÃO EDITORIAL:
Elizabeth dos Santos Reis

COPIDESQUE E REVISÃO:
Leila Cristina Dinis Fernandes

DIAGRAMAÇÃO:
Alex Luis Siqueira Santos

CAPA:
Márcio Mathídios

**Dados Internacionais de Catalogação na Publicação (CIP)
(Câmara Brasileira do Livro, SP, Brasil)**

Vicentin, Maria Regina Canhos
Temas do cotidiano: sentimentos e atitudes / Maria Regina Canhos Vicentin. - Aparecida, SP: Editora Santuário, 2006.

ISBN 85-369-0066-0

1. Atitude (Psicologia) 2. Auto-ajuda - Técnicas 3. Conduta de vida 4. Sentimentos I. Título.

06-4001   CDD-158.1

Índices para catálogo sistemático:

1. Sentimentos e atitudes: Reflexões de auto-ajuda:
Psicologia aplicada 158.1

Todos os direitos reservados à
EDITORA SANTUÁRIO — 2006

Composição, impressão e acabamento:
EDITORA SANTUÁRIO - Rua Padre Claro Monteiro, 342
Fone: (12) 3104-2000 — 12570-000 — Aparecida-SP.

Ano: 2010   2009   2008   2007   2006
Edição: 9   8   7   6   **5**   **4**   **3**   **2**   **1**

Dedico este livro a todas as pessoas que possam dele se beneficiar, uma vez que ele foi elaborado com a finalidade de servir e dignificar a vida humana.

Agradecimentos

Àqueles que enriqueceram minha vida com suas vidas, honrando-me com a confiança depositada em meu trabalho de ajuda, e a todos que direta ou indiretamente contribuíram para a efetivação da presente publicação, meu: **Muito obrigada!**

Apresentação

Como é bom e necessário perceber o mundo dos sentimentos, primeiramente em nós mesmos, mas também nos outros. Tarefa que não é tão simples nem fácil. Nem sempre tomamos consciência de que estamos irritados, com inveja, com raiva, com medo... Percebemos de imediato quando estamos alegres. Sabemos buscar um cantinho solitário quando é para curtir uma tristeza que, às vezes, nem sabemos donde vem.

Nas aulas de psicologia pastoral aprendi que os sentimentos em si não são nem bons nem maus. Não dá para julgar os sentimentos, nem os meus nem os dos outros. Eles simplesmente existem e brotam mais ou menos espontaneamente em nosso interior.

Aprendi que é muito importante perceber e acolher os sentimentos, e só depois resolver o que fazer com eles, como cuidar deles. Em outras palavras, não somos responsáveis pelo que sentimos. Somos responsáveis sim pelo que fazemos depois de haver percebido o que estamos sentindo.

Ninguém controla a origem dos sentimentos. O que podemos fazer, e depende muito da capacidade de autodomínio, é controlar nossas ações a partir do que sentimos. Assim, posso não gostar de uma pessoa e mesmo assim tratá-la bem, ou me deixar levar por antipatias e preconceitos e bater de frente com ela.

Maria Regina foi muito feliz ao escrever este livro. Em linguagem clara e simples ela nos ajuda a trabalhar os sentimentos. Ela nos mostra como os sentimentos podem tornar nossa vida amarga ou doce, pesada ou leve.

Estas páginas nos fornecem algumas pistas para que façamos de nossos sentimentos e dos sentimentos que percebemos nos outros oportunidades para crescimento como pessoas positivas, desembaraçadas, abertas e livres, pois os sentimentos revelam a verdade mais profunda de nosso ser.

Clodoaldo Montoro

As tristezas são necessárias

Não é sempre que as coisas vão bem em nossa vida. Passamos por diversos momentos e situações que são profundamente desagradáveis e tristes. Nossa primeira reação, quase sempre, é a de amaldiçoar esses momentos. Desejar que eles nunca tivessem ocorrido e rezar para que jamais tornem a acontecer. Se você faz isso, saiba que faz como a maioria das pessoas. Ninguém, em sã consciência, gosta de sofrer ou passar necessidades. Apenas pessoas doentes encontram prazer no sofrimento ou na humilhação. E é lógico que sabendo disso eu não poderia propor a você que passe a gostar de sofrer. Seria como um médico pedir ao paciente que fique doente. Esqueça! Não é por aí, não. O que quero avaliar juntamente com você é quanta energia vem desperdiçando quando fica triste e aborrecido demais, e como as tristezas da vida são necessárias.

Você pode até pensar que não precisa ficar triste para aprender a valorizar a vida, mas a realidade não é bem assim. No fundo no fundo, sabemos o que é a alegria e por que existe a tristeza. Se só houvesse a alegria, jamais saberíamos que se tratava dela. É justamente porque existe a tristeza que percebemos, em sua ausência, um grande alívio e contentamento. Se só existisse luz, jamais saberíamos o que é escuridão, e vice-versa. A tristeza é algo muito necessário em nossas vidas. Ela mostra o que nos causa bem-estar e o que devemos evitar. É por causa dela que perseguimos bons momentos. É por causa dela que procuramos nos aprimorar. Para fugir dela. Deixá-la bem longe de nós. Você percebe como ela tem uma função educativa? Ensina-nos, principalmente, a valorizar os bons momentos da vida.

Agora você diz: "Poxa! Mas eu não estou a fim de fazer amizade com as tristezas, quero mais é distância delas, oras!" Eu sei, eu sei... Só estou mostrando que elas têm uma missão especial em nossas vidas. Quando o evento triste ocorrer, ao invés de amaldiçoá-lo, você pode simplesmente aceitá-lo sem revolta. Isso não significa que você gostou dele, significa apenas que não está a fim de se estressar mais do que já ocorreu quando ele se deu. Muitos males aparentes transformam-se em verdadeiras bênçãos. Já ouviu aquela frase: "Há males que vêm para bem"? Pois é; é disso que estou falando. Das tristezas que, embora ruins, servem para nos mostrar a beleza dos outros momentos.

Não fique triste! Deixe sua tristeza passar. Não brigue com ela. Entenda que ela está apenas fazendo seu trabalho em sua vida, ensinando lições. Com o tempo, você vai amadurecendo e aprendendo que existem situações que todos têm de passar. Qualquer transformação traz insegurança, medo, inquietação. A tristeza também acaba fazendo parte desses processos de transformação e aprimoramento. Muitas vezes, temos de perder certas coisas na vida para conquistarmos outras maiores. Quando alguém é ferido em seu orgulho, sente uma tremenda tristeza e revolta, mas isso é absolutamente necessário para, em determinadas circunstâncias, aprender a lidar consigo mesmo e transformar a arrogância em simpatia. A tristeza vai dando-nos direções, caminhos a seguir, noções a respeito das arestas que podem ser aparadas e modificadas. Aceitando seu sofrimento sem exasperação, você ajuda no sentido de torná-lo menos danoso para sua pessoa. Faça as pazes com as tristezas da vida, entenda-as como necessárias, e elas passarão a incomodá-lo muito menos.

A dor da saudade

De repente, seu peito fica apertado e o coração parece estar dolorido emocionalmente. Muitas lembranças acorrem à mente. Você se sente invadido por uma onda melancólica que ora faz rir, ora faz chorar. É a saudade! Saudade de um tempo bom, de um grande amor, de alguém que já se foi, de um amigo, da infância, da juventude, de comer uma coisa gostosa que só a mamãe sabia fazer... Enfim, são tantas coisas. Coisas que variam para cada qual, mas que nos enchem o peito de saudade, um sentimento alegre e triste, bonito e, às vezes, empoeirado. Falar sobre a saudade é falar sobre a forma como nos relacionamos com a própria vida. Falar sobre a forma com que nos lembramos dos momentos gostosos, tristes, importantes e banais de nossa existência. Momentos que marcaram muito, e até mesmo os que não marcaram tanto, mas que se conservam vivos em algum lugar dentro de nosso subconsciente.

Quando eu era pequena, costumava comer goiaba no pé. Sentava num galho "reforçadinho", porque também era "reforçadinha" e ficava ali um bom tempo, tentando pegar as maiores goiabas que meus olhos pudessem avistar. Ficava ali saboreando um montão de goiabas e enchendo a blusa para que, quando descesse, tivesse ainda um montão para saborear. Para mim, isso era um passatempo delicioso, tanto de fazer quanto de comer. Além disso me sentia lá em cima. Acho que me sentia grande ou poderosa por conseguir subir tão alto. Com o passar do tempo, fui crescendo e as árvores que existiam atrás de minha casa foram sendo gradativamente cortadas, até que não sobrou uma sequer. Hoje, a paisagem ali é completamente diferente. Só consigo ver as goiabeiras fechando meus olhos. Eu só as tenho gravadas em minha memória, em meu pensamento, em meu coração. Essa coisa gostosa e nostálgica, a isso chamo: saudade.

Lógico que cada um tem sua lembrança e seria muito bom se todos nós tivéssemos a oportunidade de contar nossas histórias. Sei que você teria muito a dizer. Eu sinto. Muitos de nós temos um tesouro dentro do peito. Lindas histórias de momentos bonitos ou mesmo tristes, mas ainda assim marcantes. Pedaços de nossas vidas. Fragmentos eternizados em nosso eu mais profundo, nossa consciência íntima. De vez em quando eles afloram e enchem nossa vida de saudade. Às vezes, dói. Às vezes, machuca. Um grande amor desfeito que a morte levou, mas que o tempo não consegue apagar. E nosso coração brinca de esconder o que, volta e meia, insiste em vir à tona. Eu lhe digo: deixe vazar! Deixe sair toda essa saudade através de seus olhos. Afinal, não foi para isso que as lágrimas foram feitas?! Para ajudar a pôr para fora a emoção que transborda no íntimo?! Saudade vivenciada é muito mais gostosa! Ela é palpável, ocupa espaços. E se não for experienciada adequadamente, ela atormenta, dói demais.

Faça a experiência. Não tenha medo da intensidade de sua saudade. Quando transbordamos saudade, o que fica tem um sabor mais resignado, mais suportável. Nessas horas é que entramos em contato com a verdadeira proporção do amor, do apego, do medo ou da solidão que sentimos. Nessas horas é que crescemos enquanto "ser" que sente, que se emociona, que encara o verdadeiro sentimento. E você não precisa fazer isso na frente dos outros, não. Pode recolher-se. Pode entrar em contato consigo dentro de seu quarto, num espaço só seu. Ninguém precisa saber de sua saudade, nem de sua dor. Na verdade, talvez ninguém entendesse mesmo, pois a saudade não é igual para todos. Em alguns ela dói mais, muito mais. Eu arriscaria dizer que há aqueles que sequer sabem o que é saudade. Mas você sabe, não é mesmo?! Então... Aventure-se. Não se acovarde. Descubra tudo o que essa sua saudade tem para lhe ensinar. E não se surpreenda se depois disso você se perceber mais amadurecido. Existem coisas que só o tempo e a coragem de se aventurar dentro de si mesmo são capazes de ensinar.

Calma x Desespero

Nesta nossa vida há inúmeros momentos de sofrimento, desalento, desespero, dor, inquietação, ansiedade, medo e outros tantos sentimentos desagradáveis que só quem passa sabe como são. Em maior ou menor proporção, todos nós experimentamos pelo menos algumas dessas sensações. O que quero mostrar hoje é que a calma é algo extremamente necessário nessas horas. Quando vivenciamos a aflição e o desespero temos a sensação de estarmos completamente desamparados. Escutamos a todos e, ao mesmo tempo, a ninguém. Nossa cabeça parece pensar sem parar e acreditamos que vamos enlouquecer ou que, de qualquer forma, não vamos suportar tamanho peso, tamanho desgaste, tamanho baque.

Essa sensação é normal, embora acreditemos que já não estejamos mais em nosso juízo perfeito. O que ocorre com muita freqüência, entretanto, é que o desespero nos leva a perder aquilo que mais deveríamos prezar nessas horas: nossa calma. Isso é realmente algo desastroso, pois tendemos a cometer muitos erros quando estamos alterados emocionalmente. Vemos coisas onde elas não existem e as deixamos de ver onde se mostram, às vezes, claramente. Ficamos com nosso senso crítico prejudicado e podemos assumir atitudes de completo destempero com quem não merece isso de nós. A ausência de calma normalmente cria um clima tenso em todos os que participam ativamente ou não do problema em questão, basta que estejam próximos ou ligados emocionalmente à pessoa que sofre. Isso só conduz a mais sofrimento e incompreensão.

Quando conseguimos manter a calma, os problemas continuam acontecendo, mas nossa visão sobre eles é modificada. Percebemos que, em muitas circunstâncias, não há mesmo nada que se possa fazer a não ser esperar ou aceitar o ocorrido. E se é só isso que se pode fazer, por que é que você vai exatamente se desesperar? O desespero traz desgaste dobrado. Nada no mundo muda realmente com o desespero, somente nosso próprio eu, que fica em frangalhos, e as pessoas que se importam conosco, que sofrem junto. Em horas difíceis nada melhor que uma boa dose de calma, silêncio e resignação, ainda que momentânea. É claro que você deve estar pensando: na teoria isso é fácil, Maria Regina, quero ver na prática. E eu lhe direi: quem foi que disse que é fácil? Não disse que é fácil, disse que é necessário, bom, e que deveríamos tentar.

Para obter calma num momento desesperador temos de, antes de mais nada, avaliar que a afobação só irá servir para atrapalhar as providências a serem tomadas, pois quando estamos assim tensos e esbaforidos costumamos ter de realizar as coisas repetidas vezes, porque não as fazemos bem-feitas. Lembra-se daquele ditado: "A pressa é inimiga da perfeição"? Tenho certeza de que você já o comprovou inúmeras vezes nessas situações. Consciente de que esse é o melhor caminho, você deve ordenar a seu coração que se acalme, baixando a pulsação. Você pode conseguir isso, mentalizando-o e respirando várias vezes de modo profundo, contando até dez. Depois de algum tempo, sua mente e seu coração já estarão mais calmos e você poderá programá-los positivamente. Volte seu olhar para o alto (isso é muito importante) e peça a Deus que o oriente e o guie em direção ao melhor caminho a seguir. Acredite (isso é mais importante ainda) que Ele fará isso por você e descanse nessa certeza. Com descansar, quero dizer: aceite o que dele vier, certo de que é o melhor para você.

Depois de ter feito tudo isso, você estará apto a buscar alternativas e possíveis soluções empregando sua capacidade racional, que já estará serena e certa de contar com o apoio do Pai. Talvez, existam outras formas de acalmar-se quando em desespero, e muitos médicos e cientistas possam ridicularizar o meio por mim empregado. Não tenho a pretensão de esgotar todas as alternativas para lidar com essas dificuldades do ser humano, entretanto, minha prática profissional tem mostrado que em situações limites o homem sempre recorre a quem julga mais poderoso que ele. Quem então melhor do que nosso próprio Criador?

As tensões diárias

Estamos todos sujeitos a um sem-número de atribulações durante o desenrolar do dia, principalmente se somos o tipo de pessoa ativa, que não consegue ficar parada. É o telefone que toca, a criança que chora, o barulho ensurdecedor dos carros no centro da cidade, a televisão, o aparelho de som do vizinho que possui seus filhos adolescentes. Tudo isso, aliado a uma série de afazeres, deixa-nos, não raras vezes, à beira de um ataque de nervos. Infelizmente, existem certas situações que não podem ser modificadas pelo simples fato de as querermos diferentes. Aliás, reformulando, acho que felizmente, pois se cada qual resolvesse acertar o mundo da forma como lhe parecesse melhor, teríamos tantas opções que, acredito, iriam superar as que já temos. Talvez, surgisse algo um pouquinho pior... Nada como o conhecido e suas nuanças. Traz aquela sensação de segurança, esperado, até aceito, embora muitas vezes não gostemos do resultado ou de sua permanência no tempo.

O que precisamos encontrar é um meio de lidar com essas tensões diárias de forma produtiva. Algo que nos permita desempenhar nossas atividades e, ainda assim, reunir condições de saborear a vida e seus momentos. A cada manhã surgem novos desafios, novas esperanças, situações diversas das quais vivenciamos diariamente. Mesmo diante da rotina, existem coisas novas, pelo simples fato de que podemos mudar nossa forma de olhar para antigas situações. Quando mudamos nossa forma de olhar para as coisas, ainda que iguais, elas ficam com aspectos diferenciados. Ganham novo colorido, mais vida, mais entusiasmo; ou mantêm o mesmo tom acinzentado de sempre quando não nos esforçamos para vê-las de forma diferente. Logicamente, tudo aquilo que nos incomoda deve ser avaliado para percebermos se não há como modificar para melhor essa situação. Você pode solicitar que as pessoas da casa se esforcem para ouvir a televisão num volume mais baixo, ou então dar uma volta quando percebe que o filho de seu vizinho vai lavar o carro ao som do *Guns and Roses*. Pode colocar o telefone próximo a você para atendê-lo logo no primeiro toque, e entreter sua criança com alguns brinquedos de montar que sempre prendem a atenção e forçam-na a se concentrar na atividade proposta. Você pode ainda considerar a possibilidade de afastar-se do centro da cidade, procurando outra função, se for empregado, ou contratando um funcionário para lhe dar uma mãozinha até que se sinta mais descansado, se for patrão.

O importante é não descuidar de você e de sua saúde física e emocional. Muitas pessoas vivem em constante estresse sem se dar conta do mal que isso faz. O estresse envelhece, deixa a pessoa exaurida, anestesiada de tão cansada. Você não vive, vai apenas passando pela vida. As coisas vão acontecendo, e quando você se dá conta, elas já ocorreram, não voltam mais. Sua esposa já o abandonou, seu filho já cresceu, sua filha já é mamãe, seu cachorro já morreu... Enfim, tudo vai acontecendo diante de seus olhos e você quase nem participa, você mal vê. Vive preocupado com o dinheiro, com o trabalho, com aquele projeto. Come demasiadamente e sem cuidado. Assume uma vida sedentária. Bebe com mais freqüência do que deveria, e tem aumentado um pouco a dose. É, estou falando com você mesmo. "Caiu a ficha?" Você está perdendo um tempo precioso. Cuidado! O tempo não volta atrás.

É claro que você tem de trabalhar, pagar suas contas, viabilizar seus planos. Mas, cada coisa tem sua hora. Quando está em casa deve dedicar-se aos que estão dentro dela. Todos precisam de sua atenção. Há horário para trabalhar e horário para descansar. Horário para divertir-se e preocupar-se. Brincar com os filhos e dedicar-se a uma boa leitura. Tudo tem seu tempo e se você não souber administrá-lo, ele continuará correndo independente de você. Restarão apenas lamentações de uma época boa que não foi devidamente aproveitada. Cuide-se para que isso não ocorra. As tensões do dia-a-dia existem, mas precisamos aprender com elas, e não deixar que nos devorem pouco a pouco. Às vezes, para conseguirmos algumas coisas temos de abrir mão de outras. Reflita para que você saiba escolher as que lhe são realmente importantes. Muitos vivem sem grandes somas, mas poucos sobrevivem sem saúde. Muitos deixam de realizar sonhos, mas poucos conseguem viver sem um grande amor. Pense nisso quando for estabelecer suas prioridades na vida. Quando deixamos passar muito tempo, o amanhã pode não ser o bastante para resgatar nossas perdas.

Falta de consideração pelo outro

Se tem algo que me incomoda, mas me incomoda mesmo, é essa capacidade que algumas pessoas têm para atrapalhar a vida alheia. É inacreditável que alguém possa ficar horas imaginando uma forma de prejudicar os outros, mas isso acontece. Esta semana, meu computador foi invadido pela enésima vez por esses "vírus" que nada mais são do que a inteligência do próprio homem agindo de forma a prejudicar seu semelhante. Já tive de formatar meu computador inúmeras vezes e, acredito, terei de fazê-lo uma vez mais. Praticamente, a única função de meu micro em casa é servir como máquina de escrever para meus artigos, e seu posterior envio ao jornal via net. Assim, afortunadamente, não disponho de importantes documentos que possam ser completamente apagados ou coisas desse tipo. Até mesmo o cadastro de meus clientes ou outras observações seguem o esquema antigo e tradicional de fichas pautadas e arquivo em armário. Tomei esse cuidado desde o início, pois nunca confiei muito no sigilo das informações transcritas para o computador e, em minha profissão, sigilo é algo muito importante.

Mas, voltando... Vocês já imaginaram o que essas pessoas que enviam vírus a todos podem estar causando aos computadores de uma grande empresa, um grande hospital, bancos ou outros estabelecimentos que colocam toda a sua rotina de trabalho, folha de pagamento, contas a pagar e tudo o mais no banco de dados do computador? Os entendidos irão pronunciar-se com certeza: Basta instalar um "antivírus", oras! Lógico, e essa foi a primeira providência que tomei, desde o início. Já estou no terceiro "antivírus" instalado. Acontece que a criação do antídoto sempre pressupõe o anterior surgimento do mal, e é aí que está o problema. A solução vem sempre depois. Não há como antever o que eles estão criando antes que isso seja efetivamente posto em circulação. Não é terrível?!

Mas, afinal de contas, por que estou fazendo esse desabafo justamente para você, meu assíduo leitor? Alguém que muito provavelmente não tem nada a ver com isso, e talvez nem entenda de informática (eu também não entendia nada até bem pouco tempo atrás). A resposta é muito simples: É apenas para que você fique atento às coisas que acontecem a sua volta. Em todos os lugares e nas mais diversas situações, sempre existem pessoas dispostas a prejudicar o outro. Passar-lhe a perna, puxar-lhe o tapete, deixá-lo desconcertado, angustiado, ferido... Por quê? Sabe, isso é difícil de responder, porque os motivos variam muito, mas normalmente porque eles mesmos não são felizes. Quando uma pessoa não é feliz ela simplesmente não suporta a felicidade alheia. Ao invés de tentar descobrir o que faz o outro ser alguém realizado, para procurar fazer o mesmo, ela tira suas próprias conclusões a respeito do que pode ser e procura neutralizar a fonte de contentamento do outro, nem que seja destruindo-a por completo. É incrível, mas é verdade! Já presenciei inúmeros casos assim: arranca-se o fio do telefone, furam-se os quatro pneus do carro, esconde-se a chave da porta, toma-se um vidro inteiro de tranqüilizantes... Tudo vale se é para acabar com a alegria do outro e, de alguma forma, poder sobressair-se.

É lógico que não quero deixá-lo desconfiado diante de todas as pessoas que o cercam. O mundo está cheio de pessoas boas e bem-intencionadas, mas é necessário que você saiba que ele também está repleto de pessoas que não possuem a mínima consideração por seu semelhante. Pessoas que desconhecem o valor de uma amizade, um abraço sincero, um aperto de mão firme. Pessoas que almoçam e jantam insatisfação, descontentamento, inveja... E que não vêem a hora de poder acabar com o sorriso de seu colega ao lado. Essas pessoas chegam a causar pena, tamanha sua pequenez interior. Mas pior que o mal que podem fazer aos outros é o mal que fazem a si mesmas, fechando-se para qualquer possibilidade de progresso espiritual e afetivo. Enquanto isso, o tempo caminha implacável, impávido e feroz, carregando as dívidas que acumulamos durante nossa jornada. E, como disse Lavoisier: "Na natureza, nada se perde, nada se cria, tudo se transforma".

A dúvida

Existem momentos em que nós, realmente, não sabemos que atitude tomar. Às vezes, há muito em jogo: família, emprego, bens, propriedades, imagem pessoal e outras tantas coisas que nos são caras e que levamos, normalmente, muito tempo para conquistar. Vem a vontade de agir, ou então o impulso de sair correndo. Principia-se num desespero que poderá somente piorar toda a situação pela qual se está passando. Dormir, você já não consegue. Anda de um lado para o outro parecendo um zumbi, ou então rola na cama em busca de uma solução que acaba por nunca aparecer. Sua ansiedade vai aumentando à medida que o tempo vai passando, e se aproxima o momento em que você teme. Pode ser seu credor. Lembra aquela nota promissória? Pode ser aquela cirurgia que você vem adiando há meses. Pode ser aquela conversa séria que precisa ter com seus pais, pois nem tudo saiu como você pensava que sairia. Enfim..., pode ser tanta coisa, e eu tenho certeza de que você sabe exatamente o que é, mas não sabe que atitude tomar. E agora? O que fazer, já que está num beco sem saída?

Vou lhe dizer algo que aprendi com minha mãe. Ela é uma pessoa incrível, batalhadora, e alguém que já passou por muitas situações difíceis na vida. Ela me ensinou que, quando não sabemos que atitude tomar, devemos simplesmente não tomar atitude nenhuma. Gostou? Entendeu? É muito simples: se você não sabe o que fazer, apenas não faça nada, por enquanto. Espere. A vida sempre manda um sinal. Quando fazemos as coisas de modo apressado ou com afobação, costumamos não obter bons resultados. Já sei, agora você está pensando: essa psicóloga é louca! Como posso deixar para lá e esperar, quando o que está em risco é algo tão importante? Pois é exatamente por isso que estou pedindo para ter cautela, porque o que está em jogo é algo muito importante para você. Nós não podemos arriscar-nos a dar uma "nota fora". Precisamos ter certeza de que sua decisão foi de encontro ao mais acertado dos posicionamentos. Praticamente, o que podemos fazer então? Primeiramente, vamos nos acalmar. Respire fundo, pense numa coisa alegre e bonita, tente sorrir e procure relaxar o máximo que puder.

A dúvida nos faz escravos, pois com ela não somos nada mais que um ponto de interrogação. Mesmo assim, essa situação não perdura por uma eternidade, embora até pareça isso. Nossa mente vai ficando cansada e, quanto mais cansada ela se torna, mais difícil fica tomar uma decisão. Saiba seguir as pistas da vida. Você, no entanto, só vai conseguir enxergá-las se estiver atento. Às vezes, são as outras pessoas que nos trarão a solução de que precisamos. Ela pode vir através de uma palavra, de um gesto, do perdão ou da compreensão do outro. Não me diga que ainda acredita que o mundo gira somente em torno de você. Esqueça isso, é pura ilusão! Todas as pessoas contribuem com a manutenção do equilíbrio na terra, ou até com seu desequilíbrio. O que quero dizer é que você não precisa ser auto-suficiente. Se não sabe o que fazer...

Vai fazer o quê? Chorar? Descabelar-se? "Meter os pés pelas mãos"? Calma, calma... Tudo tem seu tempo certo para acontecer. No fundo, essa situação até já deve estar resolvida, só você ainda não se deu conta disso. A cada problema, surge uma solução. Pode até não ser a que você queria, mas ela existe e acaba se efetivando.

Fique tranqüilo! Você não sabe mesmo o que é melhor, então, deixe que a vida se encarregue de mostrar. Não sabe o que fazer? Não faça nada. Deixe a coisa surgir no ar. Em sua frente. Em sua casa. Pela boca de terceiros. Pela boca de seu credor, de seu médico, de seus pais. Se não houver conforto imediato, paciência. Quanto tempo já faz que você não vive com conforto de tanto se preocupar com esse assunto? Com o tempo, tudo passa. Até sua vergonha, seu medo, sua insônia. Temos de saber dar tempo ao tempo, ou seja, temos de deixar a coisa correr até que encontre seu termo. Não vale a pena você se angustiar com essa dúvida cruel. Qualquer coisa que esteja acontecendo com você agora é bem provável que já tenha acontecido a uma centena de pessoas anteriormente. Não se aflija. Confie que tudo o que acontece é para seu bem. Amanhã será um novo dia!

Egoísmo

Você sabe o que é egoísmo? Ou apenas repete o termo porque já é costume ouvi-lo toda vez que alguém só pensa em si mesmo? Para que você saiba bem o que significa, vou procurar explicar direitinho o que é esse defeito terrível, que está ficando cada vez mais comum de uns tempos para cá. O egoísmo é um amor exclusivista. É um excessivo amor ao bem próprio, à própria satisfação. Só que ser egoísta não implica somente no amor próprio, posto que somente isso faria dele uma qualidade e não um defeito. Acredito que se amar é um ato de sabedoria. Todos deveriam amar a si mesmos. O mundo seria melhor, com certeza. Mas voltando, o egoísta mostra excessivo amor ao bem próprio, só que sem atender ao dos outros, eis o ponto crítico. O egoísta trata apenas de seus interesses demonstrando completa falta de sentimentos altruístas. Trocando em miúdos, o egoísta quer se dar bem, estar bem, pouco se importando em como o outro vai estar. Para se dar bem, ele não pensa em você, não. Ele só pensa nele. Afinal, quem é você? Para ele não existe você. Existe somente ele e sua própria satisfação: "Vinde a mim – sim; a vosso reino – nada".

O que o egoísta ainda não sabe é que ninguém é feliz sozinho. Todos nós precisamos uns dos outros para assegurar nossa felicidade. Essa pessoa vive ignorando o próximo, como se ele não existisse. Elabora todos os seus planos com a finalidade de beneficiar unicamente a si mesmo. Esquece-se das outras pessoas. Muitas vezes, o egoísta nem quer magoar os outros. Seu objetivo é apenas se beneficiar. Só que ele se esquece de que, de vez em quando, acaba por atingir as pessoas a seu redor, principalmente quando aquilo que ele quer é, igualmente, o que elas querem. É por isso que a competição existe. Nem sempre há para todos, e alguém vai acabar levando aquilo que todos almejavam. Só que essas situações poderiam muito bem ser resolvidas de uma forma limpa, e não desprezível como acontece quando um egoísta está por perto. "Olha, só dá ele! O 'bicho' é tão esperto que passa a perna em todo o mundo." Se ele tiver de ocultar informações, com certeza ele o fará. Irá mentir, trapacear, calar, esconder, ludibriar... Você nem imagina o que ele é capaz de fazer quando está defendendo seus interesses. Mesmo que os interesses dele sejam também os seus, aliás, aí fica pior.

O egoísta não está nem um pouco preocupado com os métodos que utiliza, desde que eles o levem a seu objetivo, que é sempre alcançar a satisfação de seus desejos. Frustração é uma palavra que não quer nem conhecer e, se acaso conhece, é o fim do mundo: alguém lhe passou a perna, o mundo é injusto, não sabem reconhecer um verdadeiro talento, as pessoas são ruins, ninguém o compreende e assim por diante. Ele sempre arruma uma desculpa para seus fracassos, de preferência colocando a culpa em outras pessoas, no destino, em Deus ou no mundo. Apenas ele fez o melhor. Os outros, bem, os outros não mereciam conquistar aquilo que ele tanto queria e não conseguiu.

Você está percebendo que é verdadeiramente insuportável conviver com alguém egoísta e oportunista. E é mesmo! Pena que essas pessoas não se toquem e continuem a amolar o tempo todo, com suas lamentações sobre um mundo cruel que elas julgam atingir somente a elas mesmos. Pode ter certeza de que, se ficar doente na semana seguinte, essa pessoa vai achar que você usou de puro golpe para poder ficar em casa, a fim de que ela tivesse de arcar sozinha com todo o trabalho. Você pode até achar absurdo esse raciocínio, mas provavelmente ela já deve ter feito isso inúmeras vezes e por esse motivo imagina que você seja capaz de fazer o mesmo. Vai entender...

Há pessoas que vivem imaginando uma forma de driblar os outros, não é à toa que adquiram pós-graduação em artimanhas, enquanto que você ainda se encontre no primário. Olha, só tem um jeito de lidar com esse tipo de gente. Fique em seu canto, execute seu trabalho com honestidade e procure tratá-la de forma cordial, mas sem dar muito espaço, porque senão fatalmente você vai tropeçar e cair, pois ela está "anos-luz" a sua frente. Dê um gelo nela! Quem sabe assim ela acorde e perceba que somos interdependentes e que não se pode ser feliz à custa da desgraça alheia. Se isso não der certo, desculpe a franqueza, pelo menos você se livrou de um "urubu" em sua vida.

Indiferença

Quem de nós nunca experimentou a indiferença? Aquele algo desagradável que brota da pouca atenção, da frieza, do pouco caso com o qual somos tratados ou simplesmente ignorados. Um total desinteresse por nossos sentimentos, por nossa pessoa enquanto ser que merece respeito e consideração. Uma mesquinhez de alma que, por julgar-se de alguma forma atingida, fere o outro de uma maneira cruel, através do desprezo. Isso é muito comum. É a forma utilizada pelos menos educados para chamar a atenção sobre si e impor seu modo de relacionar-se. No fundo no fundo, isso nunca dá certo quando é feito de forma proposital. E a razão é porque o indiferente nos diz algo muito significativo com seu comportamento: mostra-nos como lhe somos importantes.

É verdade! Ninguém passaria a ignorá-lo se você não tivesse o dom de incomodá-lo. A indiferença surge como uma retaliação. O incômodo é tão grande, e ao mesmo tempo tão particular e sem explicação, que só resta ao incomodado usar da indiferença. Assim, se você está sendo ignorado – comemore, pois acaba de descobrir que incomoda muito. Ora, você deve estar se perguntando: se incomodo (e isso é algo desagradável) por que devo comemorar? Agora, eu lhe respondo: quem foi que lhe disse que incômodo é sinônimo de desagradável? Já sei: o dicionário! Pois bem, incômodo é, antes de qualquer coisa, aquilo que não é cômodo, ou seja, aquilo que não é favorável, não oferece facilidades. Quer melhor forma de uma pessoa crescer e desenvolver suas potencialidades?

Se não há o diferente, o incômodo, não há mudança. A mudança ocorre somente diante do desconforto. Quando tudo está bem ninguém pensa em melhorar. Você pode estar servindo para abrir os olhos de alguém. Mostrar um novo caminho. Inconscientemente, o outro pode estar rejeitando essa necessária mudança, afinal, ele se sentia tão bem como estava. Você não devia ter aparecido com seu jeito diferente de ser. Você não podia ser tão aberto e amoroso. Isso incomoda. Grande parte das pessoas não está preparada para simplesmente amar e ser amada; respeitar-se mutuamente... Isso é algo difícil de ser vivenciado. Consegue-se à custa de muito treino e escuta interna. É preciso voltar-se para dentro, para nosso próprio eu, e ouvir-lhe os anseios.

Quem o ignora não sabe fazer isso. Apenas sente um incômodo, mas não consegue avaliar o que o está causando. Sabe que você o perturba, mas com certeza não sabe dizer o porquê. Tudo bem, sei que está doendo em você. Afinal, talvez tenham sido vários dias, vários meses, vários anos de dedicação. Isso passa. Com o tempo as coisas vão se modificando. Esse alguém pode cair em si a qualquer momento e perceber que você não tem culpa se ele está infeliz. Saiba relevar. Há coisas que não valem nosso sofrimento e desgaste. E isso é uma coisa natural da vida. Milhares de pessoas são, dia a dia, humilhadas, desacatadas, ignoradas. Se houvesse uma maior compreensão do que verdadeiramente ocorre, esse número cairia bastante.

Quer um conselho? Continue seguindo seu caminho de cabeça erguida. Provavelmente você não deve nada a ninguém. E ainda que deva, isso também é comum. Muitos devem e mesmo assim levantam suas cabeças, pois de nada adianta olhar para o chão. A indiferença é a arma dos que não sabem como lidar com suas emoções e querem punir os outros por isso. Não caia nessa! Deixe seu amigo de queixo caído. Cumprimente-o, sorria para ele, mostre-lhe como você é feliz. De duas uma: ou ele se junta a você e darão boas risadas de tudo isso, ou então ele finalmente assumirá sua animosidade por você; afinal, nem todos conseguem mudar. Pelo menos, ele já não lhe será mais indiferente.

Sobre o amor

Muito se tem falado sobre o amor ao longo dos tempos. Sempre se diz que é algo lindo, forte, sublime e capaz de superar todas as adversidades. Por ele, muitos de nós suspiramos, rimos e choramos. Empreendemos altos vôos ou nos precipitamos rumo à derrocada. Vivemos entusiasmados ou arrastamos momentos angustiantes. Em seu nome realizamos as maiores proezas e as piores loucuras. Não há quem não tenha uma história de amor para contar; partilhar seu encantamento ou sua dor. É... O amor tem sido apontado como o responsável por muitas coisas. Resta saber quais realmente podem ser consideradas provenientes dele ou de sua influência. Hoje, invoca-se o amor para quase tudo. Confunde-se o amor com sexo, isenção de limites, condescendência abusiva e com tantas outras coisas que são tão diferentes dele. O amor se descaracterizou. Havia um tempo em que ele era mais facilmente identificado. Cuidava-se para não perdê-lo. O respeito era seu companheiro inseparável. Mas, agora... O que é respeito? Você ainda sabe sobre o que estou falando?

Não há como falar em amor sem levar em conta o respeito que esse sentimento deve possuir. Exatamente por ser especial, devemos ter em mente sua preservação. O amor deveria ser tratado como uma espécie em extinção. Em vários lares, por incrível que pareça, acho até que ele já está extinto. Os jogos de interesses superam em muito a amorosidade entre o casal e os filhos. Existe muita competição, muita preguiça e acomodação. Respeito, isso nem se cogita, é coisa do passado. Grita-se constantemente, de modo que a voz do outro não consegue mais se fazer ouvir. Anseios de um dia melhor vão sendo sufocados pela arbitrariedade, pelo egoísmo e pela intolerância do membro dominante da família, seja ele o pai, a mãe ou o filho (possibilidade cada vez mais presente diante da educação altamente permissiva de nossos dias). Aos poucos, as pessoas vão distanciando-se, vão fechando-se dentro de si mesmas e assumindo posturas individualistas. Começa a faltar o sorriso, o abraço, o beijo no rosto, o aperto de mão, a solidariedade, a confiança, o "deixa disso" numa discussão, enfim, as coisas que nos aproximam enquanto pessoas que querem partilhar bons momentos.

Você está vivenciando isso, não é mesmo? Ocorre a seu lado? Dentro de sua casa? Em seu local de trabalho? Não se espante! Isso é geral. Está ocorrendo por todos os cantos. Já não há quem tenha deixado de experimentar um pouquinho disso. Dá até a impressão de que estamos diante da falência do amor. Tudo bem, fique calmo! Eu também não acredito que isso seja verdadeiramente possível. Continuo crendo que fomos criados por amor e que a ele retornaremos. Só que precisamos fazer alguma coisa para mantê-lo vivo entre nós. Precisamos fazer algo para que ele se multiplique e não se intimide diante do egoísmo e do individualismo sempre crescentes. Você quer ter uma idéia de como fazer isso? É muito fácil, basta deixar de se preocupar um pouquinho com você e passar a se preocupar um pouquinho com as outras pessoas.

Ora, você deve estar pensando: se eu não me preocupar comigo, quem vai fazê-lo? A resposta é simples: as demais pessoas que também estiverem dispostas a construir um mundo melhor e mais solidário. Lógico, você irá correr certo risco. Terá de confiar no outro, e sei que isso está quase impossível hoje. Mas, pense bem, eu lhe pedi para passar a se preocupar apenas "um pouquinho menos" consigo mesmo. Ainda vai sobrar muito para cuidar de você com carinho. Na verdade sempre sobra, é que não estamos acostumados a nos dedicar ao outro. Quanto mais damos amor com alegria, tanto mais recebemos, pois o amor em si já beneficia quem se dispõe a senti-lo e multiplicá-lo; quem se dispõe a partilhá-lo com as demais pessoas. Só devemos tomar o cuidado de tratá-lo com respeito, pois ele se utiliza das pessoas para esse serviço de multiplicação. Embora seja muito sublime e eterno, serve-se de pessoas limitadas e imperfeitas para realizar sua missão. Essas pessoas são como eu e você, são sensíveis e podem magoar-se com facilidade. O respeito as fará amigas, próximas e menos desconfiadas. Elas poderão partilhar seu amor com mais segurança e tranqüilidade. Tenho certeza de que, juntos, podemos ser muito felizes.

A vida de faz-de-conta

Demorou, mas hoje estou realmente disposta a escrever algo especialmente para você que tem uma vida de faz-de-conta. É você mesmo, você que insiste em fantasiar coisas que não existem só para poder suportar o peso amargo do dia-a-dia. Pensou que eu fosse esquecê-lo? Impossível. Há tantas pessoas assim como você. Tantas pessoas que procuram disfarçar no cotidiano todas as suas reações, seus problemas, suas dúvidas. Pessoas que acabam, quase sempre, indo ao médico com dor de cabeça, com estresse, com dores nas costas, enfim, com qualquer dor que seja justificável e possível a todos os viventes. Algo que não vai ensejar maiores explicações nem maiores comprometimentos. Puxa vida! Que peso você carrega, hein! Está certo de que quer viver assim pelo resto de sua vida? Bom, vamos analisar um pouco essa situação e talvez, depois disso, possamos responder essa pergunta com mais segurança.

A maioria das pessoas cresce e amadurece buscando a felicidade. Durante a caminhada, existem muitos tropeços, muitos erros, desilusões, preconceitos. Coisas que incomodam, mas que também servem para nos aprimorar enquanto pessoa. A educação recebida dos pais e essas lições de vida vão transformando-nos em tudo o que somos hoje. Muitas e muitas pessoas, muitas mesmo, não conseguem alcançar sua felicidade. Sei que já disse que, normalmente, procuram fora o que deveriam procurar dentro, mas a realidade é que simplesmente não a encontram. A partir daí, elas vão se dividir em vários grupos. Algumas partirão para a resignação, outras para a revolta, algumas para a mudança e um sem-número delas para o faz-de-conta.

Faz de conta que sou feliz. Faz de conta que tenho uma excelente mulher. Faz de conta que não me importo com o fato de meu marido beber. Faz de conta que meus filhos são maravilhosos e o fato de eles não me respeitarem é um mero detalhe. E... por aí vai. A pessoa faz de conta que tudo o que lhe incomoda, na realidade, é uma coisa muito boa. Vai se iludindo. Vai se enganando. Vai tentando diminuir a angústia de ter uma vida infeliz, diferente de tudo aquilo que programou. É uma forma de fazer o peito doer menos. Chorar menos. Evitar choques de opiniões, conflitos, contrariedades. Com o tempo, acostuma-se e fica automático: "Ah! Eu não queria mesmo aquela casa; é muito grande. A minha dá perfeitamente para minhas necessidades". "Meu filho? Não, não passou no vestibular. Mas, sabe que eu até achei bom. Não queria que ele fosse estudar longe de nós!" "O Zé bebe, mas não existe marido como ele. É muito bom e, além disso, não perde um dia de serviço." Você já ouviu algo parecido com essas frases? Lógico que sim, eu sei. Eu as tirei do cotidiano. Já pude ouvi-las inúmeras vezes. Não resta dúvida de que é uma forma de se enganar. Mas, fazer o que, não é mesmo? Quando a realidade é tão dura...

Não adianta você querer se enganar. Esse artifício do faz-de-conta só dá certo mesmo nas histórias infantis. Na vida real, ele cobra da pessoa um preço muito alto para manter-se em ação. Isso porque o subconsciente não se engana. Ele está em contato direto com todas as suas emoções. Ele vibra com suas vitórias, chora com suas derrotas, envergonha-se com seus fracassos e lamenta, consideravelmente, todas as suas desilusões. Ora, onde você vai colocar sua frustração, se ela não tem espaço em seu faz-de-conta? Em suas células, é claro. Aí, vem sua dor de cabeça, sua dor nas costas, sua "batedeira", e todas as outras coisinhas que você já sabe. Eu só queria lhe dizer que viver assim é opção, não obrigação. Você não precisa fantasiar sua vida, achando que assim ela vai ficar melhor, porque não vai. A vida tem a nossa cara, a cor que pintamos, mas para isso é preciso que seja real! É preciso que realmente sintamos e acreditemos no que estamos dizendo. Quando nos enganamos, o preço é bem mais alto, o alicerce está sujeito a ruir a qualquer momento. E, quando a casa cai de verdade, não tem faz de conta que dê jeito.

Carência

De vez em quando, nós acordamos de uma forma esquisita, meio triste, um tanto angustiada, trazendo a sensação de que algo está faltando. Esse algo pode ser um amor, um alguém ao lado, o apoio de um membro da família, um gesto, uma palavra, um afago, um olhar especial... A verdade é que, quando estamos assim, ficamos um pouco para baixo. Temos vontade de chorar. Sentimos um aperto no peito. A sensação de incompreensão. Certo desconforto em estar sozinho ou no meio de muita gente. Sentimos a necessidade de um colinho, uma atenção, um carinho. Nesses dias constatamos que estamos muito, muito carentes. E carentes de quê? Sei lá, de tantas coisas. Desde quando carência tem de ser só uma? Muitos de nós estão carentes de coisas mais simples: um sorriso, um bom papo, um pouco de atenção e reconhecimento, um tapinha nas costas. Algo que mostre que estamos sendo percebidos, que estamos sendo notados. Ser simplesmente notado já faz tanta diferença. Nós nos sentimos mais importantes, saímos do anonimato.

Mas, às vezes, nossa carência é um pouco maior. Ela beira a sensação de abandono quando acreditamos que não somos importantes para alguém, e que nossa presença realmente não faz muita falta. Podemos experienciar essa carência mesmo estando cercados de muitas pessoas. Podemos ser casados ou solteiros. Podemos ser novos ou já maduros. A carência pode instaurar-se em qualquer um que julgue não estar recebendo aquilo que deveria. Trata-se de uma necessidade de sermos recompensados por aquilo que somos. Quando não recebemos o que julgamos que seria o justo para nós, normalmente nos sentimos muito carentes. E junto com a carência vem a sensação de inferioridade, de menos valia, de baixa auto-estima, tudo de mais deplorável para assegurar que fiquemos mesmo lá embaixo. Algumas pessoas sentem-se horríveis, feias, chatas, inoportunas e inconvenientes. Começam a se isolar, fogem de festas e reuniões de família. Sentem-se gordas, desajeitadas e começam a acreditar que estão sempre incomodando.

Se você está sentindo-se assim, aqui vai um alerta: tudo isso se passa muito mais dentro do que fora de você. Ou seja, é você quem acredita que está incomodando. Talvez, as demais pessoas sinceramente gostem de sua companhia. É preciso cautela para avaliar se sua carência não o está levando a confundir as coisas. Um dia ou outro, quem não se sente carente? Todos nós. Todos, sem exceção, sentimos carência de vez em quando. É o marido que, há uma semana, esqueceu que tem mulher em casa, sempre envolvido em situações de trabalho e procurando levantar fundos para saldar algumas dívidas. É a mulher que, há um mês, vem cuidando do pai que está doente e nem se lembra de que seus filhos e marido também gostariam de um pouco de sua atenção. São os filhos que, após entrarem na faculdade, ligam de vez em quando ou quase sempre para pedir mais dinheiro, sem se dar conta de que, para os pais, sua ausência está sendo grandemente sentida.

E por aí vai... A lista é grande. Um simples telefonema pode ser decisivo quando se trata de sentir-se ou não carente. É verdade, você sabe disso. E por quê? Por que ficamos assim tristes quando deixamos de receber um simples telefonema? Porque insistimos em colocar no outro a causa de nosso contentamento.

Se cada qual reconhecesse seu real valor, não haveria necessidade de querer que o outro assim o fizesse constantemente. Poderíamos viver melhor por muito mais tempo. Lógico que, mesmo diante desse posicionamento, não estaríamos livres de eventualmente nos sentirmos carentes, mas isso aconteceria com muito menos freqüência. Valorize-se mais. Esteja certo de que você é uma pessoa com quem vale a pena se relacionar. Se o marido não lhe está dando o devido valor, aponte esse seu desejo e parta em busca de seu reconhecimento; primeiro com você mesma e depois com as demais pessoas. Idem para o marido e filhos. Temos de nos valorizar de início para, posteriormente, exigir respeito e consideração dos outros. Faça a experiência e avalie os resultados. Você verá como pode sentir-se muito menos carente daqui por diante.

O mundo não acaba hoje

Seria tão bom se pudéssemos contar sempre com a compreensão dos que nos cercam. Nesses tempos difíceis, quem não gostaria de ter um ombro amigo à disposição, em caso de necessidade? Eu sei sim que não está nada fácil. São as contas, a educação dos filhos, o planejamento doméstico... Uma infinidade de possibilidades desgastantes, mas que fazem parte da vida e temos de ir lidando com elas, quer queiramos ou não. Lembro-me sempre de uma frase que minha mãe insistia em dizer quando era pequena: "o mundo não acaba hoje". Toda vez que ficava muito ansiosa ou nervosa com alguma providência a ser tomada, acreditando principalmente que não haveria tempo suficiente para concluir minhas tarefas, lá vinha minha mãe para apaziguar a situação, confortando-me com suas frases. Acreditava sempre nela. Acreditava que o mundo não iria acabar mesmo naquele dia, e isso me dava ânimo para aguardar até o dia seguinte. O que você acha de levar em conta essa afirmação?

Corremos tanto que mal apreciamos o momento presente. Estamos normalmente absorvidos com preocupações que se encontram, quase sempre, mais à frente. É por isso que ficamos tão desgastados. É por isso que, em inúmeras situações, sofremos antecipadamente. É difícil crer num amanhã ensolarado quando o presente é cinzento, mas isso é possível. Modificações ocorrem a cada segundo em nossas vidas. É preciso ter fé. Acreditar sem exigir provas, pela simples confiança. Você não imagina a diferença que isso faz. Nós acreditamos no desemprego, e ele está aí. Nós acreditamos na violência, e ela igualmente está aí. Acreditamos e aceitamos a crise, porque nos fizeram crer que ela iria nos engolir. Pois é, estamos sendo engolidos. Isso pode mudar? Lógico que sim. Isso pode perfeitamente mudar, mas será necessário que mudemos primeiro. Nossa mentalidade acredita que quanto mais damos de nós, mais empobrecemos. Assim, preferimos não dar nada; economizamos. Vamos tornando-nos avarentos até com nossos carinhos, com nossos sorrisos. A vida vai ficando chata e aborrecida demais. Vai perdendo a graça.

Precisamos empreender uma mudança. Por que não pensamos em solidariedade? Por que não pensamos em união? Por que não pensamos em amor ao próximo e partilha? Eu lhe respondo: É porque não estamos acostumados! É verdade. Nós não estamos acostumados a pensar no bem e no lado bom das coisas. Temos uma tendência a pensar no negativo. Talvez isso seja cultural. Talvez advenha da eterna insatisfação humana. Talvez seja fruto de toda uma educação errada que vem sendo passada de geração em geração. Mas isso não importa. O importante é que podemos mudar tudo isso. Em primeiro lugar, devemos compreender nossos erros, nossas opções enganosas de vida, essas promessas de felicidade espalhadas pelos quatro cantos do mundo: dinheiro, fama, sexo, poder... Isoladamente, o que isso representa? E a saúde, a paz de espírito, o companheirismo? Devemos ser compreensivos igualmente com os outros, pois eles também foram e estão sendo enganados. Mesmo assim, não podemos demorar-nos muito, acredito que é hora de começar a colocar um ponto final em tudo isso.

Precisamos amadurecer. Já não somos mais crianças. Sabemos o que queremos intimamente; então, é em busca disso que devemos ir. Queremos felicidade. Ótimo, busquemos felicidade. Onde? Em nosso íntimo. Como? Conhecendo-nos e observando nossos anseios. É importante frisar que felicidade é algo que acontece quando nos sentimos bem, sem peso na consciência, principalmente. É importante lembrar também que carro novo, por si só, não traz felicidade; assim como passar a perna no outro e roubar-lhe o cargo, a vida, a dignidade, a inocência... Isso igualmente não traz felicidade. Pense muito nisso tudo. Você precisa pensar. Acredito que todos nós precisamos pensar, pois tenho certeza de que Deus também está sendo muito compreensivo para conosco, compreensivo até demais. Precisamos assumir um posicionamento frente aos rumos que as coisas vêm tomando, e logo. Pode ser que nem todos tenham entendido o que eu quis dizer, mas se você entendeu já fico feliz. Ainda bem que o mundo não acaba hoje!

Desânimo

Você anda desanimado ultimamente? Sente-se cansado, desmotivado e até um tanto infeliz? Eu posso imaginar. Parece que as coisas não andam mesmo nada fáceis para a maioria das pessoas. Estamos vivendo um momento difícil e angustiante. Ai, se o Lair Ribeiro me pega falando desse jeito. Mas, fazer o quê? Sempre admirei as pessoas otimistas e procuro mesmo optar por uma visão mais positiva da vida; entretanto, também não sou cega nem sou de tapar o sol com a peneira. Não há como ficar indiferente a todas as mudanças que estão ocorrendo em nossas vidas. Mudanças que afetam desde nossas necessidades primárias, como alimento, carinho e afeto, até nossas necessidades mais elaboradas de realização e reconhecimento. Como é que dá para ser feliz com tanta conta para pagar, não é mesmo? Tanta fila, tanto imposto, tanta cara feia? Como é que fica a pessoa honesta diante de tanta desonestidade? E a pessoa que trabalha suado diante de quem esbanja e nunca trabalhou de verdade?

Minha campainha tocou hoje pela manhã. Era um dos adolescentes que já acompanhei em outras épocas. Ele me disse que precisava muito conversar, pois havia voltado a beber e a usar drogas. A vida está sendo dura demais para ele e já não vem encontrando como suportar a pressão. Contou que a mulher está doente e não há dinheiro para saldar dívidas e comprar remédios. Em outros tempos, o problema era semelhante: falta de dinheiro. Não havia sequer para pagar a conta de água ou de luz. Estava vivendo no escuro e tomando banho no rio. Ele chorava muito porque não queria roubar ninguém, mas não estava encontrando saída. Hoje, mais gordo e inchado pela bebida, ele traz no rosto o mesmo desespero de antigamente. E eu fico perguntando-me se será que isso é mesmo necessário. Tanta dor estampada no rosto de nossos adolescentes, de nossos adultos em formação, nossos jovens trabalhadores. Será que isso é absolutamente necessário? Não há como existir mais solidariedade? Mais amor? Mais atenção para com o outro? Para aquele que vive a nosso lado, a nossa volta, em nossa rua.

Todos estão desanimados, mas existem aqueles que precisam muito mais do que nós. Aqueles a quem falta tudo, desde uma palavra até um agasalho. Meu adolescente não veio pedir dinheiro ou comida, nem roupas (que na certa devem estar igualmente lhe fazendo falta), veio pedir apenas para que eu pudesse ouvi-lo, deixar tudo um pouco de lado para lhe dar algo muito precioso: minha atenção. Isso me cortou o coração. É muito triste deparar-se com alguém desprovido de praticamente tudo. Mesmo assim, ele conservava a esperança, sem dúvida a última que morre. E vejam só que responsabilidade a minha, servir de esteio para quem depositou em mim toda a sua esperança. É um compromisso muito sério. E ele não é só meu, é nosso. É de cada um de nós, pois existem centenas de adolescentes em iguais condições, espalhados por nossa cidade, por nosso estado, no país e no mundo. A Unicef é uma prova disso.

Voltando ao Lair Ribeiro, acredito que a neurolingüística dá mais certo assim: com atitudes concretas e positivas na realização de nosso objetivo. Não basta imaginar algo de bom e automaticamente cancelar o pensamento negativo; é preciso arregaçar as mangas e ter a coragem de mudar o que precisa ser mudado. Todos nós temos um compromisso social. Muitos de nós são patrões, muitos são empregados; todos somos gente, e como pessoas que somos não podemos omitir-nos diante do atual quadro de miséria e corrupção. A miséria existe em função da exploração do mais fraco pelo mais forte. Isso em si já é corrupção. Nós não precisamos ir até Brasília. Podemos ater-nos a nossas próprias casas e verificar se, mesmo ali, já não há corrupção. Precisamos mudar de mentalidade e perceber que o "país do jeitinho" deve reformular-se em suas bases, seus núcleos familiares e políticos. Com nova mentalidade e mais igualdade social vai haver também mais oportunidades e conseqüentemente menos frustração e desânimo.

Atenção ao próximo

Tempos atrás, em uma emissora de rádio, eu falava sobre depressão, e recebi várias ligações de pessoas que passam por esse mal. Uma delas, porém, chamou minha atenção, em virtude de queixar-se de abandono até por parte dos profissionais da saúde. A pessoa dizia que há tempos procura tratar-se, mas como sua situação é complexa, ninguém quer assumir a responsabilidade pelo tratamento, temendo o desfecho do caso e a possibilidade de comprometer sua imagem pessoal e profissional. Entendo isso, e acho até que não podemos obrigar alguém a fazer algo para o qual não se sente apto ou preparado. Mas, percebi ao longo da conversa que, muito mais do que tratamento, o que aquela pessoa queria era um pouco de atenção. Alguém que pudesse ouvi-la simplesmente, sem questionamentos ou interrupções. Alguém que passasse a idéia de que ela estava sendo entendida e aceita na expressão de sua dor. Alguém que demonstrasse abertura para acolhê-la enquanto pessoa debilitada emocionalmente; e alguém que tivesse paciência com sua forma pouco clara de se expressar verbalmente. E, por trás disso tudo, descobri que havia uma enorme carência. Uma necessidade incrível de dizer: Ei, eu estou aqui! Estou viva e quero continuar vivendo!

Essa pessoa não é a única que busca incessantemente por um pouco de atenção e agrado. A totalidade das pessoas, em alguma fase da vida, necessita desses cuidados fundamentais para o equilíbrio emocional e o desenvolvimento da auto-estima. Você também não busca um "colinho" de vez em quando? Não se sente para baixo, mal, carente e vulnerável? Sim, eu sei, todos nós nos sentimos assim de vez em quando. Isso é perfeitamente normal. Até os mais bem resolvidos passam por isso de tempos em tempos. E o que podemos fazer para nos ajudar e ajudar também aos outros? Podemos simplesmente amar e seguir nosso coração, deixando-nos guiar pela bússola interna que funciona sempre que a deixamos trabalhar sem pressão. Estender a mão ao semelhante é o natural, surpreendente é retraí-la quando nossa mente começa a ponderar e tecer considerações em função de nossa atitude. Natural é dividir o pão, surpreendente é querer guardá-lo só para si, sob pena de ele ficar estragado e não servir mais à função à qual se destina, que é a de alimentar a todos.

Quando damos um pouco de nosso tempo e atenção ao outro, é igualmente a nós que o fazemos. Os seres humanos estabelecem trocas em cada contato que fazem com o semelhante. Hoje é você quem dá, amanhã é quem recebe. A vida funciona assim. Não existe o que nada possa dar, assim como não há quem nada precise receber. Formamos uma grande família, embora muitos teimem em reconhecer isso. Ao nos fecharmos para o outro, fechamo-nos para nós mesmos. Perdemos a chance de aprender, de exercitar o consolo, a paciência, a caridade. Endurecemos nosso coração que continua sedento de contato, amistosidade, tranqüilidade e paz. A queda do outro nunca poderá servir-nos de benefício, pois quando um homem cai não é apenas ele quem caiu, mas a humanidade inteira representada por ele. Se continuarmos teimando em seguir nossos caminhos sozinhos, eles nos serão muito mais árido e penoso. Somente se caminharmos juntos, chegaremos inteiros até nosso destino. Como sei disso? Basta observar. Olhe para você. Olhe a seu redor. Qual o maior anseio do homem? Amar e ser amado. Pergunto-lhe: como é possível amar e ser amado sem a participação do outro em nossa vida?

Sejamos mais conscientes, mais abertos, mais amorosos. É tão gostoso sentir-se amado. É tão bom amar. A atenção faz parte disso tudo, dessa abertura ao outro. Ela permeia o nascimento do verdadeiro amor, do amor maior. Seus olhos devem estar corretamente posicionados. Eles devem encarar os olhos do outro, e permanecerem assim por um bom tempo. Tempo suficiente para você sentir o outro e não apenas ouvi-lo. É assim que começa uma grande amizade. É assim que começa um grande amor. É assim que começa um verdadeiro auxílio ao próximo. Sem cobranças. Apenas pelo desejo de ver o outro feliz. Experimente. Faça isso. E comemore, pois você terá contribuído para melhorar todo o universo.

Decepção

Tantas vezes nos decepcionamos com pessoas que, para nós, são tão importantes. E nem poderia ser diferente, pois decepção é algo que sentimos quando alguém realmente nos importa e dele esperaríamos conduta diferente. Quando a pessoa não nos é tão cara, não nos importa muito seu jeito de pensar e de se relacionar. Prestamos mais atenção a isso quando gostamos da pessoa. Todas as vezes que esperamos dos outros mais do que aquilo que efetivamente nos podem dar, nós nos decepcionamos. E exatamente porque partimos de nosso referencial, ou seja, tomamos por base nossa própria forma de nos relacionar, decepcionamo-nos ainda mais.

Isso ocorre porque as pessoas são diferentes e não podemos esperar sempre que o outro reaja como reagiríamos diante de alguma situação. Às vezes, amamos demais, dedicamo-nos excessivamente, enfrentamos tantos obstáculos para estarmos ao lado de quem apreciamos, estimamos, e simplesmente não somos reconhecidos. Esperávamos que o outro nos amasse igualmente e, da mesma forma, dedicasse seu tempo e planejamento a permanecer a nosso lado, a despeito de quaisquer outras dificuldades. Infelizmente, nem sempre é assim que acontece. Muitas de nossas parcerias amorosas, profissionais, familiares, amistosas... não estão nem aí para nossos esforços. Acreditam que, como o interesse é nosso, não existe por que estarem contribuindo no bom andamento do casamento, do serviço, do convívio, da amizade. Deixam que se preocupe com isso quem lhe atribuiu valor. Não percebem que "somente uma andorinha não faz verão".

É difícil sensibilizar uma pessoa de coração duro. Muitas vezes, você deixa claro que o mal-entendido já passou, pede desculpas direta ou indiretamente, mostra-se disponível para uma nova tentativa e... Nada. Seu cônjuge, colega, familiar ou amigo mostra-se inacessível, frio, protegido por uma barreira intransponível que se chama orgulho. O orgulho é uma droga! Ele atrapalha tanto o convívio, mais tanto, que quem quisesse se relacionar deveria assinar um pacto no qual fosse obrigado a abrir mão do orgulho enquanto durasse o relacionamento. A pessoa orgulhosa é incapaz de reconhecer que errou. Utiliza inúmeros artifícios somente para provar por A mais B que estava certa. Quando magoada, não dá o braço a torcer e tiraniza quem falhou de uma forma sádica, impondo-lhe um sofrimento atroz e completamente desnecessário, somente para lhe ensinar que sabe ser dura e impiedosa com quem quer que possa lhe magoar, ainda que tenha ocorrido sem a intenção.

Já tentou se reaproximar mesmo que não tenha sido você quem errou? Já mostrou que está disponível para tentar melhorar uma relação em que os mal-entendidos têm sido constantes? Desfez a carranca, assumiu um ar mais sereno e, ainda assim, nada deu certo? Então, descanse na certeza de que você fez o possível, mas que precisa da compreensão do outro para que possam se entender. Nem sempre isso ocorre. Muitos não estão preparados para amadurecer. Temem tanto serem magoados que magoam primeiro e, depois, partem sem olhar para trás. Levam consigo a dor, a raiva, a aflição. Não sabem amar. Não sabem perdoar e nem se deixar envolver. É preciso muita coragem para relacionar-se com maturidade. É preciso muito amadurecimento para repensar um convívio e colocar às claras os sentimentos. Embora possam parecer entendidos, muitos não possuem coragem nem amadurecimento para conversarem sobre o que os magoa. Frustrou-se? Decepcionou-se? Tenha calma. Dedique seu afeto e compreensão para quem efetivamente mereça recebê-los. Com seu exemplo, talvez um dia, essa pessoa a quem você tanto quer bem acorde. Pode ser que ainda haja tempo para vocês se entenderem. Se não houver, ao menos você tentou.

Solidariedade

Há vários meses, uma pequena nota no jornal me chamou a atenção: "Cabeleireiros vão trabalhar gratuitamente". Tratava-se de uma iniciativa que envolvia uma associação de moradores e uma escola de cabeleireiros que iriam promover uma tarde de cortes gratuitos às pessoas carentes de determinados bairros pobres da cidade. Ao tomar conhecimento dessa iniciativa, fiquei realmente sensibilizada, e fui levada a fazer uma série de considerações a respeito. Considerações essas que gostaria de compartilhar com você, meu amigo leitor.

Solidariedade é uma palavra muito bonita, mas poucas pessoas conseguem perceber que ela só se efetiva através da prática.

Não adianta falar em um mundo solidário, nem sonhar ou fazer planos. Para que a solidariedade aconteça, ela deve ser pautada em condutas precisas, concretas, reais. É muito bonito discursar sobre solidariedade. É comovente. É contundente. Toca as pessoas naquilo que elas têm de profundo, no âmago de seu ser. Ocorre que somente isso não basta para fazer as coisas acontecerem. Para as coisas efetivamente acontecerem precisamos de ação. A pessoa solidária é aquela que se propõe a minimizar o sofrimento alheio através de atitudes concretas e, nesse sentido, gostaria de parabenizar o gesto dos cabeleireiros. Talvez, alguns pensem que o povo não precisa cortar o cabelo. Ou mesmo que isso não é importante e nem contribui para minimizar sofrimento algum. Trata-se de um grande equívoco. As pessoas carentes, na maioria das vezes, são carentes de muita coisa, a começar da atenção que lhes é corriqueiramente pouco dispensada.

Há um tempo, estava caminhando por um bairro que raramente vou. Nesse bairro, mora uma senhora bem idosa que conheço há muitos anos e que ainda conserva a lucidez e a boa prosa. Ao vê-la, fui a sua direção e, após alguns minutos, ela me reconheceu e "engatamos um papo". Ela estava muito aborrecida, pois sua filha não a levava à cabeleireira há um bom tempo. Ela se queixava que seu visual estava precisando de umas melhoras e que isso era vital para que se sentisse mais jovem e, conseqüentemente, mais cheia de vida. Quando fui embora, fiquei pensando em como era importante para ela cuidar adequadamente de sua imagem. Aliás, em como é importante para nós todos cuidarmos de nossa imagem pessoal, e como isso é diretamente responsável por nossa disposição, alegria ou tristeza. Basta notarmos que a primeira coisa que um deprimido faz é descuidar de sua aparência, deixar de pentear os cabelos, fazer a barba ou trajar-se com capricho. Pois é, a vovozinha estava mesmo aborrecida com sua filha. E eu não lhe tiro a razão, não. Velhice não deve ser sinônima de desleixo, e ela sabe bem disso.

Mas, voltando a nossos cabeleireiros... Eles deram um pouco de si para aumentar a auto-estima de outras pessoas, deixando-as mais elegantes, mais alegres. E, eu lhes pergunto: Alegria tem preço? Já imaginaram se a moda pega e muitos outros profissionais se dispuserem a colocar suas habilidades a serviço dos mais necessitados? Não precisa ser muito, basta um pouco, pois para quem nada tem o pouco é muito. Não estou convidando-o a trabalhar de graça diariamente, pois sei que todos nós necessitamos ser pagos por nossos serviços, para que possamos igualmente sobreviver e custear nossas despesas. Sei, inclusive, que há os que já fazem muito e, às vezes, sem que ninguém saiba. O que proponho é uma avaliação pessoal a respeito do que pode ser feito, em seu caso, para ajudar seu semelhante. Talvez, você possa ajudar sendo voluntário em algum trabalho social. Pode ajudar orientando famílias em como economizar energia, ou ainda incentivando, elogiando, promovendo o esforço de alguém rumo a um ideal. Você pode fazer uma visita a alguém que esteja doente, ou a algum idoso que permanece a maior parte de seus dias dentro de um asilo, praticamente isolado da sociedade. Você pode ensinar a tarefa para seu neto ou acompanhar sua sobrinha até a escola. Você pode fazer pequenos favores e, ainda assim, acabar realizando grandes coisas, pois o que vale é a intenção com a qual nos predispomos a ajudar. Fazendo assim, muitos irão se beneficiar e nós não iremos empobrecer. Que o digam os cabeleireiros!

Caridade começa em casa

Há tantas pessoas extremamente bondosas com os estranhos e estranhamente cruéis com os familiares. Fazem questão de passar uma imagem de um ser piedoso, religioso, abnegado, mas, por incrível que pareçam, bastam colocar os pés em casa e a coisa muda de figura. Vêm o mau humor, a implicância, a falta de tato ao censurar ou chamar a atenção, a sensação de superioridade só porque se julgam imune aos erros, a falta de compaixão por exigir que os outros sejam espelho seu: "poço de virtudes". Todos vêem essas pessoas como exemplares, cumpridoras de seus deveres, respeitosas, educadas no falar e amistosas socialmente. No lar, pasmem, são outras pessoas, completamente diferentes. "Quem as viu e quem as vê." Caridade é da porta para fora. Tolerância, perdão, paciência são palavras de discurso público e não doméstico. Em casa, "vão com casco e tudo o mais". Conhece alguém parecido? Não me diga?! Pois é, eu conheço também, porque existe um montão de gente assim. São santos fora de casa e demônios dentro. Ninguém diz, ninguém percebe, mas você sabe.

E é "barra pesada" conviver com alguém assim. Pode ser o pai, a mãe, algum filho, o marido, a mulher, a vizinha, o sogro. Enfim, pode ser muita gente. E todos com uma coisa em comum: a "carinha de santo", principalmente para os outros, para aqueles que não os conhecem. Se você contar, é lógico que ninguém vai acreditar. E, ainda por cima, vão deduzir que você está querendo denegrir a imagem de tão ilustre pessoa. Você sim, pessoa comum, vive cercado de defeitos, mas não essa pessoa especial, tão boa e caridosa (com os outros). Às vezes, muitos anos são necessários para desmascarar alguém assim. E, acreditem, talvez isso nunca aconteça, nem com a morte dela, pois aí todos têm pena de macular sua imagem.

Há mulheres que convivem com verdadeiros carrascos e ninguém se dá conta disso. Pelo contrário, imaginam tratar-se do melhor marido do mundo. Invejam aquele "doce-de-coco". Alguns filhos penam nas mãos de suas zelosas mãezinhas. Tão meigas, tão preocupadas e dominadoras. Verdadeiras sanguessugas que não descansam enquanto não controlam completamente a situação, fazendo deles meros fantoches de seus caprichos. E se acaso abrirem a boca, elas encontrarão um jeito de fazê-los sentirem-se culpados pelo resto de suas vidas. Quem vê de fora admira tanta dedicação à família e aos filhos. Mal sabe que, na verdade, eles têm de pedir licença até para respirar profundamente. Acredito que, quem faz isso em casa, não repara o mal fazendo caridade aos outros. Que adianta doar cestas básicas, fazer visitas aos enfermos, contribuir na coleta da igreja se, em casa, distribui mau humor, revanchismo, pancadaria, culpa e desprezo. Posar de bacana na sociedade e algoz no lar.

Se você é o opressor, dou-lhe uma dica: viva e deixe viver! Pare de implicar com tudo e fazer sofrer seus familiares. O momento em que você os aflige é precioso demais para ser desperdiçado. Momentos não voltam mais. Esforce-se para encontrar serenidade mesmo onde não é visto por terceiros. Sua família deve ser seu referencial de satisfação, ou seja, fazê-los felizes deve inspirar-lhe contentamento.

Agora, se você é quem recebe todas as "patadas", não seja bobo, não. Conte para todo o mundo. É isso mesmo. Desmascare seu opressor. Essas pessoas costumam levar muito em conta o que os outros pensam e ficam extremamente preocupadas em passar por vilões. Ao invés de preservar a imagem social delas, deixe que os outros as conheçam como elas são, nem mais nem menos, apenas a verdade. Enquanto você insistir em esconder de todos a realidade, continuará sofrendo nas mãos desses "santos em vida" e terá cada vez menos direitos em casa e fora dela. Chega de tortura. Caridade começa em casa!

Falsidade

É incrível como existem pessoas capazes de assumir um discurso completamente diverso de seu posicionamento real. Comportam-se no nível teórico de uma forma e no nível prático de outra. Passam a impressão de serem pessoas sensatas, ponderadas, pois costumam aparentemente assumir os valores que são aceitos pela maioria. Apegam-se a chavões clássicos, sempre bonitos, e vivem repetindo-os em qualquer lugar. Quando algum episódio desagradável se dá com o outro, tudo é fácil de ser contornado e o menor deslize recebe severas críticas; mas quando a situação é invertida... Aí a coisa muda de figura. Surpreendentemente, nosso "cordeirinho" vira "lobo". Começa a soltar fogo pelas ventas; não há quem não saia chamuscado. E você, justamente você que confiava tanto nele ou nela, se vê assim perplexo, atônito, surpreso. Vem aquela sensação de ter sido traído, enganado, talvez até usado com fins egoístas, que só acabaram por beneficiar seu amigo, quer dizer, aquele a quem você julgava ser seu amigo.

Que horrível, não é mesmo? Puxa vida, e você que sempre deu seu melhor para essa pessoa. Seu melhor sorriso, sua melhor disposição, seu ombro, seu carinho, sua escuta e dedicação. E foi assim... De repente, ela jogou tudo para o alto. Desconsiderou sua amizade, seu coleguismo, seu amor. Nem parecia a mesma pessoa que você conheceu e com quem se relacionou durante tanto tempo. Você até chegou a pensar que ela poderia estar doente, ou não estar bem psicologicamente. Você realmente pensou em tudo, só não conseguia acreditar em falsidade, em enganação. Como é que justo aquela pessoa iria fazer isso com você? Não é possível, não é mesmo? Pois é! Aconteceu. E foi ela. Você já descobriu tudo e não há mais como dar desculpas para o que você já tem absoluta certeza. O que fazer então? Gritar traidor bem alto para todo o mundo ouvir? Telefonar para sua casa e xingar até esgotar o repertório? Contar para todos os seus outros colegas que estão diante de uma víbora traidora?

É, gente, sabe o que dói mais? É a desilusão de ter sido sincero com quem sempre nos foi falso. É lembrar que contamos nossos segredos, nossos planos, nossa dor a alguém que nunca foi digno de nossa confiança. Você se sente usado. A pessoa que é falsa mente demasiadamente e, muitas vezes, até para si mesma. Ela crê em seus discursos bonitos e procura tornar-se bem-vista, pois intimamente busca o reconhecimento que nunca teve. Isso normalmente acontece porque ela sempre esteve mais preocupada em fazer as coisas acontecerem a seu modo, de acordo com suas conveniências, e lhe sobrou pouco tempo para ser realmente sincera e preocupar-se verdadeiramente com as demais pessoas. O fascínio por essa pessoa dura somente até se conhecê-la um pouco melhor. Com o conhecimento, vêm a desilusão e o afastamento. Elas tornam a ficar sós. E será sempre assim, a menos que mudem seu comportamento e passem a se interessar genuinamente pelas outras pessoas.

O que posso dizer a você? Deixe-a só. Ela precisa perceber que algo está errado com ela. Sei que você está magoado e, talvez, magoe-se ainda mais se tentar conseguir explicações. Provavelmente, seu amigo irá contar-lhe mais algumas mentiras. Irá tentar iludi-lo novamente com aquela velha história de que você levou para o lado pessoal. Vai tentar racionalizar o que seu coração já está cansado de entender: Que não há espaço para você no peito dele. Por quê? Porque seu peito está repleto dele mesmo; ele transborda egocentrismo, não existe nem mesmo um pedacinho para você. Esqueça! Isso mesmo, esqueça essa pessoa. Ela, com certeza, não merece toda a sua afeição, caso contrário procuraria o quanto antes esclarecer esse mal-entendido que acabou envolvendo vocês. Há pessoas que não sabem amar. Perdoe. Levante a cabeça. Afinal, que culpa você tem de ter confiado em alguém que não merecia sua confiança? Com o tempo, outras pessoas irão surgir. Você terá melhor sorte da próxima vez!

A raiva

Outro dia, andava pela cidade quando deparei com uma faixa que continha os seguintes dizeres: "Raiva mata. Vacine seu animal". Fiquei com aquela frase na cabeça: Raiva mata! Na hora pensei que seria muito bom se houvesse uma vacina para nós humanos também. Quantas vezes ficamos com raiva de pessoas ou situações e esse sentimento insiste em nos perturbar, tirando nossa paz. Muitas vezes, não é mesmo?! Eu sei. Também tenho uma raiva danada de um montão de coisas. E igualmente de algumas pessoas que, mesmo sem querer, acabam magoando-me profundamente. Ninguém está livre de sentir raiva. É um sentimento que aparece toda vez que não expressamos nossa dor, nossa mágoa. Diria que a raiva é a mágoa sufocada. Para nos livrarmos dela temos de dar vazão a esse algo doloroso que nos feriu e machucou. Quando optamos em reprimir e segurar nossa raiva intimamente, acabamos por aumentar a mágoa que a originou, e se ela não for liberada, voltar-se-á contra nós. A raiva contida gera apenas maior dor e acabará nos implodindo. Sem perceber, pode ser que nos estejamos punindo ao deixar de extravasar nosso descontentamento. Já que alguém tem de sofrer, que seja então quem ocasionou essa situação. Devemos dirigir nossa raiva a quem de direito, procurando esclarecer as situações que nos magoaram e estão fazendo-nos sofrer.

Muitos têm medo em admitir sua raiva, pois a sentem tão grande que imaginam que se colocada para fora poderia resultar em alguma tragédia. Temem suas possíveis reações violentas e extrapolar os limites em sua expressão. Isso normalmente ocorre porque deixam passar muito tempo entre o evento que as magoou e a idéia de tomarem esclarecimentos. O interessante seria que, ao nos sentirmos magoados, de imediato resolvêssemos elucidar a situação, deixando tudo às claras. Ainda assim, nem sempre isso é simples. Muitas pessoas temem perder o afeto de quem as magoou se resolverem tirar satisfações. Preferem calar-se e amargar sua dor, pois a insegurança com relação ao fato de serem amadas não permite que desabafem sua frustração e desapontamento. Temem perder o amor do outro. Julgam que devem agüentar firme todas as humilhações, o pouco caso, a frieza e os xingamentos, pois imaginam que se reagirem correm o risco de perder o outro para sempre. Seguem a vida assim, "engolindo sapos". Um dia, a situação torna-se insustentável. Pode-se efetivamente cometer um crime ou tornar-se vítima de uma grave doença. Acho que você não quer matar nem morrer. Então, vai ter de aprender a pôr para fora de forma gradual.

Outras pessoas que sofrem demais são as controladoras. Para elas é muito complicado admitir que alguém as magoou. Acreditam que isso é demonstração de fraqueza e não aceitam perder o controle da situação.

Essas pessoas não admitem estar zangadas em função de alguém havê-las magoado. Pensam que, ao aceitar essa possibilidade, deixam clara sua fragilidade, seu lado sentimental, e isso elas não assumem. Resultado: tornam-se um poço de ressentimentos, raiva, ódio e culpa. São absolutamente incapazes de dizer: "Você me feriu!" E, da mesma forma, também são incapazes de admitir que possam ter ferido alguém. Darão mil explicações para convencê-lo de que o que fizeram foi para seu bem e sempre com a melhor das intenções. Ora, ficar com raiva diante de uma ofensa ou desconsideração é natural, é normal. Assumir nossa mágoa, e conseqüentemente nossa raiva, é algo saudável e faz parte de nosso amadurecimento enquanto pessoa. Se você não vivenciar isso experimentará, com certeza, um desenvolvimento truncado.

Quando sentir raiva procure, desde logo, identificar o que ou quem o magoou. De posse dessa resposta, procure dirigir seu ressentimento nessa direção, buscando esclarecer o evento ou dizendo diretamente à pessoa que o magoou como você se sentiu ofendido e atingido. Assim, você dará a chance do outro se explicar, criando novas possibilidades de relacionamento entre vocês, e que seriam completamente inviáveis caso não extravasasse todo o seu descontentamento. A raiva só cresce quando é alimentada. Quando é digerida e esclarecida, ela costuma transformar-se em algo muito mais agradável e construtivo. Às vezes, vira até amor, respeito ou amizade.

Índice

Apresentação 7
As tristezas são necessárias 11
A dor da saudade 15
Calma x Desespero 19
As tensões diárias 25
Falta de consideração pelo outro 31
A dúvida 37
Egoísmo 41
Indiferença 47
Sobre o amor 51
A vida de faz-de-conta 57
Carência 61
O mundo não acaba hoje 65
Desânimo 71
Atenção ao próximo 75
Decepção 79
Solidariedade 83
Caridade começa em casa 89
Falsidade 93
A raiva 97